AF279254

Álvaro Gómez Sánchez

APULEYO EDICIONES   FOMENTO DE VALORES   CUENTOS ILUSTRADOS

Rumy, la poderosa

APULEYO EDICIONES   FOMENTO DE VALORES   CUENTOS ILUSTRADOS

Os voy a contar un secreto que todavía no le he contado a nadie. ¿Estáis listos?

Un día, mi hermana y yo estábamos desayunando antes de ir al cole, como cualquier otro día, y, de repente, llamaron a mi madre al móvil y ella empezó a llorar; pero a llorar de una forma muy rara, era como si estuviera feliz. Cuando terminó de hablar, le pregunté por qué estaba llorando y me dijo que por fin nos habían asignado una bebé búlgara por adopción. No os podéis imaginar la ilusión que eso le hacía a mi madre, ya que ella y mi padre llevaban esperando la adopción desde antes de que yo naciera ¡y yo tengo diez años!

Tuvimos que viajar a Bulgaria para conocerla unos días, y luego llevárnosla a su nuevo hogar, con nosotros. Yo, por el camino, en el avión, me preguntaba constantemente cómo sería, qué voz tendría o si le gustaríamos, pero lo que no me podía imaginar es lo que descubrimos Arya y yo cuando la conocimos.

Cuando llegamos al centro social, nos pareció, a todos, una niña estupenda: era simpática, divertida, lista y en seguida jugaba con nosotros. Se llamaba Rumy, tenía 20 meses, era morena, muy alta y con unos mofletitos para comérselos. Jugamos con los peluches, bailamos con ella...

Después de un rato, fuimos a la sala de juegos, donde había una pequeña pelotita de baloncesto. Rumy apenas la sabía coger, pero cuando los padres se dieron la vuelta, ante el asombro de Ary y mío, la bebé metió un triple desde la otra punta de la sala. ¿Os lo podéis creer? Pero lo más impresionante de todo fue que cuando los mayores nos dejaron a los tres jugando en la piscina de bolas, mientras ellos fueron a la sala contigua a hablar de cosas de mayores, de repente, Rumy se hundió y desapareció entre las bolas; después de un rato buscando a Rumy, la encontramos en el fondo.

Ella nos miró, se rio, nos dio una mano a cada uno y entonces el suelo desapareció; cerré los ojos, me quedé mudo del susto, y cuando volví a abrir los ojos, estábamos los tres en un campo lleno de gelatina.

Inesperadamente, Rumy empezó a correr hacia una montaña de gelatina y nos dijo que no saltáramos "en palo", a menos que quisiéramos comer gelatina hasta explotar, porque si saltábamos en palo nos hundiríamos dentro de la gelatina; así que, después de un rato saltando, nos acabamos metiendo dentro sin querer y nos tuvimos que comer toda la montaña para poder salir; nos cogimos tal empacho que nos quedamos dormidos y, cuando despertamos, estábamos los tres tumbados en la piscina de bolas. Los papás vinieron a por nosotros y no se explicaban por qué teníamos las panzotas tan hinchadas.

Por la tarde fuimos a un parque que tenía animalitos, como un pequeño zoo, y os juro que a veces me parecía que la canija estaba hablando con ellos, y le contestaban. Pero no sé por qué me sorprendo, si también nos entendía a nosotros que no sabemos hablar búlgaro y ella no sabía español, en teoría, ¿o sí?

Pasamos un día super divertido y, cuando llegamos al hotel, caímos rendidos en las camas. Pero yo no podía dormir pensando en las cosas tan fantásticas que habíamos vivido. Cuando me desperté a la mañana siguiente, no sabía si había pasado de verdad o si había sido un sueño increíble. Miré a Ary, nos encogimos de hombros, nos reímos y fuimos a despertar a Rumy.

Durante una semana estuvimos visitando Bulgaria, sus restaurantes, pistas de esquí, sus piscinas termales entre la nieve...; hicimos de todo entre gestiones y papelotes de los mayores para poder llevarnos a nuestra nueva hermanita a España. Yo, cada día, sentía que Rumy había nacido para ser parte de nuestra familia: ¡era igual de loca y de cochina que nosotros!

Pero no penséis que eso fue todo, porque cuando volvimos a España, siguieron pasando cosas increíbles cuando estábamos solos con la bebé. Es que era salir los papás por la puerta y ella se convertía en un terremoto, como si fuera otra niña, una niña ¡SUPERPODEROSA!

De hecho, ¡era mejor no enfadarla! No os imagináis cómo me la encontré un día cuando se enfadó porque no quería irse a dormir y mis papás la obligaron a meterse en la cuna. NO solo nos aturdió a todos con unos lloricos y unos gritos atronadores (jamás había escuchado a un bebé llorar tan fuerte), sino que cuando mi mamá salió de la habitación, desesperada tras intentar calmarla sin mucho éxito, escuché un ruido tan fuerte que tuve que entrar a ver qué había pasado y me la encontré sentada, con morritos, sobre el colchón de la cuna, que estaba tirado en el suelo, porque había reventado todos los barrotes, ¡como si hubiera explotado desde dentro!

Y ahí no queda la cosa. Nosotros, en casa, tenemos una bañera muy grande, y nos gusta mucho bañarnos todos juntos. Un día estábamos bañándonos mi hermana Arya, mi hermanita Rumy, mi madre y yo; mamá se salió y le pedimos que nos hiciera espuma, pero como no había casi jabón, no pudimos hacerla, y Arya y yo nos pusimos muy tristes. Entonces, Rumy empezó a apretar los ojos y la cara, a ponerse roja, muy roja, cada vez más roja y, de repente, se tiró un pedo metralleta tan largo que empezaron a salir burbujas y espuma por todas partes.

Estuvimos jugando a hacer bolas de espuma y tirarlas a ver cuál aguantaba más sin caerse y ganó Rumy porque, claro, tiene poderes. Al rato, empezó a salir demasiada espuma y se llenó todo el baño, las paredes, por encima del lavabo... y empezamos a flotar entre la espuma, por todo el baño, hasta tocar el techo; estuvimos un buen rato jugando al escondite y nadando entre la espuma. Gané yo porque se me da genial esconderme y me sé todos los escondites de la casa. Fue una de las cosas más divertidas que he hecho en mi vida.

De repente, papá abrió la puerta y toda la espuma desapareció; los tres nos miramos y nos empezamos a partir de risa; nos pusimos el albornoz y nos secamos, y nos reímos hasta que no pudimos más.

Y allá donde fuéramos, nuestra Rumy la liaba. Para celebrar nuestra nueva familia, nuestros padres decidieron regalarnos un viaje a Disneyland París.

Después de unos días divirtiéndonos en las atracciones, haciéndonos fotos con los personajes y todo ese tipo de cosas, fuimos a comer a un restaurante chulísimo; se llamaba Planet Hollywood: era como una cúpula azul que parecía un planeta. Allí pedimos un postre delicioso que llevaba algodón de azúcar y le dimos un poco a Rumy, ¡un tremendo error! Vosotros ya sabréis el efecto que hace a los niños pequeños normales el algodón de azúcar, ¿no? Pues imaginaos lo que le hizo a Rumy: empezó a revolcarse por la silla y nos empezamos a reír todos, y fue todo el camino hasta la habitación del hotel cantando y moviendo la cabeza como una loca, pero cuando llegamos allí, y los padres se fueron a duchar y nos dejaron con música bailando para entretenernos, ¿adivináis qué pasó?

Pues a Rumy le chifla bailar, y bailó como una loquita, dando vueltas y vueltas, hasta que le empezaron a salir chiribitas de su cabeza y empezó a girar, y a girar, siguió girando y siguió girando, hasta que empezó a salir viento alrededor de ella, un poquito más, y luego más y más, hasta que se acabó formando un tornado a su alrededor, por toda la habitación... ¡Estaba volando! Arya y yo empezamos a dar vueltas por el aire, volando por la habitación y nos pillamos tal mareo que no sabíamos ni dónde estábamos, ni si era un sueño, ni quién estaba haciendo ese tornado, hasta que nos absorbió y empezamos a dar vueltas con Rumy. Vueltas y más vueltas, entre los zapatos, la lámpara, los mandos de la tele, las almohadas y todas las cosas de la habitación. Hasta que Rumy se mareó, se paró y caímos en la cama, con todas las cosas de la habitación que se habían quedado en el tornado. Cuando salieron mis padres del baño, nos echaron una buena bronca por el desastre que habíamos montado en la habitación y claro, ¿qué les íbamos de decir? ¿Quién nos iba a creer? Nos miramos los tres, nos partimos de risa y nos pusimos a recoger todo juntos.

Pues todo esto es lo que he vivido hasta ahora con mi nueva hermanita de 22 meses. Y ha sido tan increíble que siento que cada día la quiero más, ¡y ella, a mí también! Cada día me despierto pensando en besarla, abrazarla y en cómo será la nueva aventura que vivamos juntos y, sobre todo, ¿qué pasará cuando crezca y cumpla dos años? ¿Se convertirá en una SUPERNI-ÑA? ¿Volará? ¿Se transformará en Súper Saiyan?

Lo único que tengo claro es que Arya y yo estaremos con ella para siempre.

APULEYO
EDICIONES

Rumy, la poderosa

APULEYO EDICIONES   FOMENTO DE VALORES   CUENTOS ILUSTRADOS

Álvaro Gómez Sánchez

APULEYO EDICIONES   FOMENTO DE VALORES   CUENTOS ILUSTRADOS